Frühling · Sommer
Herbst und Winter

Cicely Mary Barker

Frühling · Sommer Herbst und Winter

Es wohnt ein Elf in jeder Blüte

PARABEL

Titel der Originalausgabe
Flower Fairies
© Blackie and Son, London/Glasgow

© der deutschen Ausgabe
Parabel Verlag Schwäbisch Hall und Zürich 1986
Printed in Germany
ISBN 3 7898 0236 0

Inhalt

Frühling

Buschwindröschen	6
Primel und Traubenhyazinthe	8
Wildes Stiefmütterchen	10
Krokus	12
Löwenzahn	14
Narzisse	16
Schleifenblume	18
Zaunwinde	20
Tulpe	22

Sommer

Rose	24
Wiesenschafgarbe	26
Glockenblume	28
Wiesenbocksbart	30
Mohnblume	32
Nelke	34
Hornklee	36
Weißklee	38

Herbst

Buche	40
Brombeere	42
Haselnuß	44
Holunder	46
Eberesche	48
Faulbaum	50
Liguster	52
Hagebutte	54
Roßkastanie	56

Winter

Weißdorn	58
Wilde Clematis	60
Schlehe	62
Stechpalme	64
Eibe	66
Eiche	68
Echter Jasmin	70
Winterling	72
Klette	74
Schneeglöckchen	76

FRÜHLING

Buschwindröschen
Anemona memorosa

Was im Wald jetzt geschieht?
Wenn der Frühling einzieht
winken, um die Sonne zu grüßen,
unendlich viel Sterne
den Bäumen zu Füßen.

Buschwindröschen nicken
und blicken
mit Sternengesicht.
Buschwindröschen geben
dem Wald ihr weißes Licht.

FRÜHLING

Buschwindröschen

Primel und Traubenhyazinthe

Primula
Muscari racemosum

„Guten Tag, Herr Nachbar.
Wie geht es dir?"
„Gut, liebe Primel,
genau so wie dir!

Was gibt es Neues,
hast du etwas gehört?"
„Ja ja, Herr Nachbar,
und nichts was uns stört.

Von den Dächern die Vögel
pfeifen es ja:
Der Frühling läßt grüßen
und er wäre bald da."

FRÜHLING

Primel und Traubenhyazinthe

FRÜHLING

Wildes Stiefmütterchen
Viola tricolor

Meine feinen Verwandten,
das sind die bekannten
Blumen in leuchtendem Samt.

Sie blühen im Garten.

Wir kleinen Cousinen,
wir ähneln ihnen,
wir blühn draußen im Feld.

Tragen einfache Kleider,
nicht samtene – leider.
Aber schön sind wir auch.

Das Stiefmütterchen gilt seit dem Mittelalter als
harntreibende und blutreinigende Heilpflanze.
Sie heißt auch Ackerveilchen und Dreifaltigkeits-
blume.

FRÜHLING

Wildes Stiefmütterchen

FRÜHLING

Krokus

Crocus albiflorus

Krokusse – gelb, weiß und blau –
und manche hellviolett –
Schau nur, schau!
Die weißen sind wie ein Becher voll Licht.
Hunderte blühen dicht an dicht.

Die Sonne hat sie aus der Erde gelockt,
dort haben sie in einer Zwiebel gehockt
und gewartet,
daß endlich der Frühling beginnt.
Wie schön und zart sie sind!

Der Krokus heißt auch Zaffran oder Saffernblume.
Die Pflanze stammt aus dem Orient. Aus ihren
Blütennarben wird der Safran gewonnen,
ein kostbares Gewürz, das auch in der Heilkunde
angewandt wird.

FRÜHLING

Krokus

FRÜHLING

Löwenzahn

Taraxum officinale

Meinen Namen Löwenzahn
sieht man mir ganz deutlich an.
Blätter spitz wie Löwenzähne
und dazu die gelbe Mähne.
Ich bin wie ein Löwe stark.
Wachs' auf Wiesen und im Park,
blüh im Garten ungebeten,
man versucht mich auszujäten.
Aber sie sind alle dumm,
denn so schnell bringt mich nichts um.
Wachs' am Wegrand, auf dem Rasen,
meine Schirmchen kann man blasen.
Schweben dann wie Federn nieder,
und im Frühjahr wachs' ich wieder.

Auch Apostenwurz, Hundszahn und Kettenblume genannt. Blätter, Blüten und Wurzeln der Pflanze gelten als blutreinigend.

FRÜHLING

Löwenzahn

Narzisse

Narcissus poeticus

In der Erde tief versteckt
braune Zwiebeln schliefen.
Wurden aber aufgeweckt,
als die Amseln riefen:

„Ostern, Ostern, Osterzeit,
zeigt jetzt euer Frühlingskleid!"

Aus der Erde tief hervor
auf schwingend langen Stielen
recken sie sich jetzt empor,
wo Kinder fröhlich spielen.

Die Blume ist nach dem griechischen Jüngling Narkissos benannt, der sich in sein eigenes Spiegelbild, das er im Wasser sah, verliebte und schließlich in eine Narzisse verwandelt wurde.

FRÜHLING

Narzisse

Schleifenblume

Iberis

Elfenjunge Iberis
wartet hier und ist gewiß,
daß gleich andre Elfen kommen,
wenn sie seinen Ruf vernommen.
Will mit ihnen Schaukeln spielen
auf den geraden Blütenstielen,
die ein Blütenkissen tragen.
Und er wird die Freunde fragen:
Wollt ihr euch auf Rosa wiegen,
oder auf Zartlila liegen?
Soll's ein weißes Kissen sein?
Soll es groß sein oder klein?
Schaukeln macht den Elfen Spaß.

Manchmal fallen sie ins Gras.

FRÜHLING

Schleifenblume

Zaunwinde

Calystegia sepium

Wie lang meine Ranken sind!
Und sie wachsen geschwind!
Meine Blüten sind fein,
weiß und so rein.

Doch sie werden nicht alt – nur einen Tag.
Wenn ich mag,
ranke ich mich um Stämme und Baum.
Ihr verhindert es kaum,
ihr Bäume, Sträucher und Blüten!

Und ich frage auch nicht: Euer Güten,
ist das überhaupt
für mich erlaubt?

Die Zaunwinde ist die große Schwester der Ackerwinde und ihrer Eigenschaft wegen in den Gärten nicht sehr beliebt. Manchmal wird sie auch Heckenwürger genannt.

FRÜHLING

Zaunwinde

Tulpe

Tulipa

In den Tulpenblütenbecher
kroch ein klitzekleiner frecher
Käfer und versteckte sich,
denkt: Die Elfe findet mich.

Elfe klettert an den vielen
glatten, dicken Tulpenstielen
zu den Blüten und guckt rein.
Wo mag nur der Käfer sein?

Nein, sie kann ihn nicht entdecken.
Käfer ruft, um sie zu necken:
„Hallo, Elfe, ich bin hier,
komm doch bitte her zu mir!"

Elfe schaut jetzt nach dem Klettern
an den Stielen, auf den Blättern
traurig und auch müde drein.
Läßt das Suchen lieber sein.

FRÜHLING

Tulpe

Rose
Rosa

Von allen Blumen, die bekannt,
ist sie die schönste hier im Land.
Wird Königin sogar genannt.
Was soll ich nur für Worte wählen,
von ihrer Schönheit zu erzählen?

Die Rosenknospen öffnen sich:
Ein Weiß, wahrhaftig königlich
entfaltet sich.
Auch Gelb. Und immer loht
das wunderschönste Rosenrot.

Und wenn sie blüht, schwebt in der Luft
ein ganz geheimnisvoller Duft.

Wir Elfenkinder lieben sie,
denn Elfen sticht die Rose nie.

Die Rose kommt ursprünglich aus Zentralasien,
als Wildrose. Die ersten Gartenrosen werden
in Babylon erwähnt.

SOMMER

Rose

Wiesenschafgarbe

Achillea millefolium

Ja, ich wünsche mir so sehr,
endlich käme jemand her,
der mich findet, der mich mag,
darauf wart ich jeden Tag.

Bleibt denn niemand bei mir stehen,
um mich richtig anzusehen?

Pflückt mich, denn wenn einer krank,
heilt von mir ein Blütentrank.
Sucht, damit ihr mich entdeckt.
Meist bin ich im Gras versteckt.

Sie hat ihren Namen von Achilles, der als ein Schüler der heilkundigen Chiron, die Heilkraft dieser Pflanze entdeckte. Die Schafgarbe ist die fast vielfältigste Heilpflanze, die wir besitzen.

SOMMER

Wiesenschafgarbe

SOMMER

Glockenblume
Campanula rotundafolia

Wenn die Glockenblumen läuten,
diese zarten, blauen, vielen,
auf den feinen, dünnen Stielen,
hat das etwas zu bedeuten.

Elfen kommen, um zu fragen,
wo sich alle treffen wollen,
ob sie Kränze tragen sollen.
Und die Glockenblumen sagen:

„Bitte Kränze in den Haaren,
goldgetupfte Elfenflügel,
und das Fest ist auf dem Hügel,
wo die Feste immer waren."

SOMMER

Glockenblume

SOMMER

Wiesenbocksbart
Tragopogon pratensis

Gegen Mittag denk ich: ach,
lang genug bin ich jetzt wach.
Schlägt es zwölf, geh ich zur Ruh,
schließe meine Blüten zu.
Nur im sanften Morgenlicht
zeigen sie ihr Angesicht.

Schäfer, die die Schafe hüten,
sehen, daß sich meine Blüten
langsam schließen und gleich schlafen.
Sagen dann zu ihren Schafen:
So, jetzt wissen wir Bescheid.
Es ist zwölf Uhr. Mittagszeit.

Der Wiesenbocksbart ist mit dem Löwenzahn
verwandt und wie dieser in ganz Europa
verbreitet.

SOMMER

Wiesenbocksbart

Mohnblume

Papaver rhoeas

Der Weizen ist grün, er wächst und gedeiht,
Lerchengesang klingt zu mir.
In rotseidenem glänzenden Kleid
stehe ich hier.

Der Weizen ist gelb, zum Schneiden gereift,
er wird gemäht, wenn es tagt.
Ich höre den Jungen, wie er laut pfeift
und wie er die Vögel verjagt.

Sie kommen zurück und rufen mir zu:
Mohnblume, wir waren nicht weit,
bleiben bei dir, du Schöne, du,
in deinem rotseidenen Kleid!

Wird auch Blutblume oder Feuerblume genannt.

SOMMER

Mohnblume

Nelke

Dianthus

Nachts, wenn alle Kinder träumen
und der Mond scheint hinter Bäumen
in den Garten, kann man sehen,
wie auf leisen, leisen Zehen
kleine Elfenwesen kommen,
die sich Scheren mitgenommen.

Und dann hört man:
Schnipp schnipp schnapp.

Doch sie schneiden hier nichts ab.
Schneiden nur mit leichter Hand
in den Nelkenblütenrand
Fransen rundherum hinein.
Und der Sommermondenschein
gibt sein helles Licht dazu. –

Wenn es tagt, gehn sie zur Ruh.

SOMMER

Nelke

Hornklee

Lotus corniculatus

Hopsala, so tanze ich,
hopsala ich drehe mich.
Der Elf aus der Familie Klee
singt und springt und ruft juchhee!

Er tanzt gern am Weg entlang,
oder über einen Hang,
er ist fröhlich, guter Dinge,
und zart wie kleine Schmetterlinge
sind die Blüten hier, juchhee,
aus der großen Sippe Klee.

Wie kleine Flammen tanzen sie
zu der Hopsamelodie.

Der Hornklee war schon 3700 vor Christi Geburt in China als Heilpflanze berühmt, und noch die Mönche des Mittelalters beschreiben ihn als vielseitige und unentbehrliche Heilpflanze.

SOMMER

Hornklee

Weißklee

Trifolium repens

Ich bin der Weißklee,
kommt heran,
seht euch mein grünes
Kleeblätterkleid an!

Die Bienen summen
um meine Köpfchen,
suchen sich Honig
für ihre Töpfchen.

Ihr Bienen, ihr Bienen,
willkommen bei mir.
Weißkleeblütenhonig
gibt es nur hier!

Wird auch Lämmerklee und Bienenklee genannt.

SOMMER

Weißklee

Buche

Fagus silvatica

„Soll ich werfen oder nicht?"
fragt sich dieser kleine Wicht,
der hoch auf der Buche sitzt.
Ein junges Reh die Ohren spitzt,
kommt herbei in schnellem Lauf,
bleibt dann stehn und schaut hinauf,
ruft dem Buchenelfen zu:
„Wirf sie runter, mach schon, du!
Denn der Buchen braune Kerne,
fresse ich besonders gerne.
Gestern fand ich schon ein paar,
und die schmeckten wunderbar!"

HERBST

Buche

Brombeere

Rubus fruticosus

Meine dicken schwarzen Beeren
laden ein, sie zu verzehren,
machen Mädchen und den Jungen,
wenn sie naschen blaue Zungen,
blaue Zähne – und
Brombeerflecken um den Mund,
weil, das merkt bald jedes Kind,
meine Beeren saftig sind.

Meine Ranken, das ist wahr,
sind nicht ganz so wunderbar,
denn die Ranken, diese frechen,
können kratzen und auch stechen.

Im Volksmund heißt die Brombeere auch
Bromedorn, Kratzelbeere oder Moren.

HERBST

Brombeere

Haselnuß

Corylus avellana

Eichhörnchen – hörst du mich?
Hab was Schönes hier für dich!
Hol dir Haselnüsse ab,
die ich zu verschenken hab.

Komm du kleine Haselmaus,
komm aus deinem Haus heraus!
Hol dir meine Nüsse ab,
die ich zu verschenken hab!

Kinder, hört euch ruf ich auch,
kommt zu meinem Haselstrauch!
Holt euch reife Nüsse ab,
die ich zu verschenken hab.

Dem Haselnußstrauch sagt man Zauberkräfte nach.
In alten Zeiten verwendete man ihre Zweige zur
Abwehr von bösen Geistern, Hexen und Schlangen,
zum Auffinden von Schätzen und Wasseradern.
(Letzteres geschieht auch heute noch.)

HERBST

Haselnuß

Holunder

Sambucus nigra

Denkt der Elf im Holunder:
je dicker und runder
die Beeren hier hängen,
die Drosseln sich drängen.

Er sieht sie flattern,
die Früchte ergattern
und hört sie schnattern:
„Die Beeren hier schmecken,
viel besser als Schnecken,
und dann ist Holunder
auch zehnmal gesunder!"

Die Heilkraft des Holunders ist überaus vielfältig.
Ein altes Wort sagt: Vor dem Holunderstrauch muß man den Hut ziehen.
Griechische und lateinische Schriftsteller haben den Holunder gepriesen, und Ausgrabungen haben gezeigt, daß er schon den Menschen in der Steinzeit als Nahrungs- und Heilmittel diente.

HERBST

Holunder

Eberesche
Sorbus ancuparia

Der Herbst ist da, er färbt die Welt
hellgelb und rot und golden,
geerntet ist das Korn im Feld,
ich trag jetzt Beerendolden.

Die lassen mich als Zauberbaum,
als wunderbar erscheinen
den Vögeln nachts in ihrem Traum,
den großen und den kleinen.

Sind sie erwacht, dann rufe ich:
„Kommt her in meine Äste,
teilt euch die Beeren brüderlich,
kommt her, seid meine Gäste!"

Das Holz der Eberesche eignet sich sehr gut für
gedrechselte und geschnitzte Gegenstände.
Die Eberesche heißt auch Vogelbeerbaum.

HERBST

Eberesche

Faulbaum

Rhamnus frangula

Frau Libelle kam vorbei,
fragte, ob ich fertig sei,
„für die weite, weite Reise",
sagte sie libellenleise,
„zum Vergleich der schönsten Flügel
auf dem moosbedeckten Hügel."

Ich war fertig angezogen
und so sind wir losgeflogen.

HERBST

Faulbaum

Liguster

Ligustrum vulgare

Ich stehe gern am Wegesrand
und schaue in das weite Land,
wachse wild und ungeschoren.
Wär im Garten ich geboren,
würde man mich stets beschneiden.
Nein, das könnte ich nicht leiden,
so gestutzt, adrett und fein,
möcht ich niemals, niemals sein!

Sein Name kommt vom lateinischen Wort
ligare = verbinden, denn aus seinen Zweigen
lassen sich besonders gut Körbe flechten.
Die Beeren sind giftig.
Ihr violetter Saft wurde früher zum Färben von
Leder und Stoffen verwendet.

HERBST

Liguster

Hagebutte
Rosa camina

Die Hagebuttenelfe singt.
Hört nur, wie ihr Herbstlied klingt:

Kühler frischer Morgentau,
mittags ist der Himmel blau,
abends weiße Nebel stehen,
blaßgelb ist der Mond zu sehn.

Längst vergangen ist die Zeit,
als im rosa Blütenkleid
wir noch Heckenrosen waren
und die leichten, wunderbaren
Schmetterlinge uns begrüßt
und dabei uns zart geküßt.

Hagebuttentee gilt als ein ausgezeichnetes Heilmittel bei Erkältungen, bei Nieren- oder Blasenschmerzen und bei rheumatischen Beschwerden. Wie der Holunder gehörte auch die Hagebutte schon zur Ernährung der Steinzeitmenschen.

HERBST

Hagebutte

HERBST

Roßkastanie

Aesculus hippocastabeum

Kinder kommt her,
ich halt sie nicht mehr!
Sie wollen hinab
und springen gleich ab.
Mit einem Patsch –
und einem Klatsch –
kommen sie dann
bei euch unten an.
Doch Kastanien vom Baum
so rund, blank und braun
wollen selbst hinunter springen!
Ihr sollt sie nicht zwingen,
nach ihnen werfen oder schlagen!
Das können Kastanien
nun gar nicht vertragen.

Ursprünglich war der Kastanienbaum im Himalaya und im Kaukasus zu Hause. Erst im Jahre 1576 wurden in Wien die ersten Kastanienbäume in Europa gepflanzt.

HERBST

Roßkastanie

Weißdorn

Crataegus oxyacantha

Die dornigen Zweige blühten im Mai,
als die Amseln ihr Frühlingslied sangen,
da waren sie dicht wie von Zauberei
mit schneeweißen Blüten behangen.

Kommt jetzt nicht endlich jemand vorbei,
scheint dieser Elf sich zu denken,
im Herbst ist der Weißdorn
wie immer so frei
und will seine Beeren verschenken.

Der Legende nach ist der Weißdorn aus dem
Wanderstab des Heiligen Josef entstanden.
In der Heilkunde wird der Pflanze eine starke
herzkräftigende Wirkung zugeschrieben.

WINTER

Weißdorn

WINTER

Wilde Clematis
Clematis vitalba

Hier in diesem weichen Flaum
träumt der Elf, daß ihr es wißt,
einen wunderschönen Traum,
wenn er eingeschlafen ist.

Die wilde Clematis heißt auch Waldrebe.

WINTER

Wilde Clematis

WINTER

Schlehe
Prunus spinosa

Diese pflaumenblauen Schlehen
kann man beim Spazierengehen
an den dichten Schwarzdornhecken,
wenn es Spätherbst ist, entdecken.

Frost muß erst die Schlehen kneifen,
daß sie endlich, endlich reifen
und die blauen kugelrunden
Schwarzdornbeeren schließlich munden.

Vorher eßt sie lieber nicht,
sonst verzieht ihr das Gesicht.

Die Schlehe gilt als blutreinigende Heilpflanze,
auch gut bei Magenverstimmung.
Die Schlehe heißt auch Schwarzdorn.

WINTER

Schlehe

Stechpalme

Ilex aquifolium

Ich bin auch grün zur Winterszeit,
wenn der Garten dick verschneit
und jedes Blatt – auch wenn es friert –
glänzt so, wie eben erst lackiert.
Ein Strauß von mir gehört ins Haus –
sieht wunderhübsch und festlich aus!
Nur: bitte etwas aufgepaßt,
wenn ihr in meine Zweige faßt!

Die Stechpalme gehört zur Gattung der Bäume mit immergrünen Blättern. Von August bis Oktober trägt die Stechpalme leuchtend rote kugelige Früchte. Sie sind giftig.

WINTER

Stechpalme

Eibe

Taxus baccata

Träumt der Elf, daß dieser Baum
– die Eibe wird sehr alt –
womöglich tausend Jahre schon
dort wächst und grünt im Wald?

Vielleicht träumt er, er reitet jetzt
auf einem stolzen Roß,
das eine grüne Mähne trägt,
nach Hause auf sein Schloß.

Die Eibe ist einer der ältesten Bäume Europas. Ausgegrabene Versteinerungen deuten darauf hin, daß sie in Europa schon vor der Eiszeit wuchs.

WINTER

Eibe

Eiche

Quercus

Hoch oben auf Eichen
fast nicht zu erreichen
gucken aus Töpfchen
hellgrüne Köpfchen.
Sie werden bald braun
und fallen vom Baum.
Dann werden die runden
Eicheln gefunden,
von Tieren gefressen
oder vergessen.
Doch einzelne wagen
Wurzeln zu schlagen
und sich zu recken,
sich höher zu strecken.
Sie wachsen drauf los,
sie werden groß
und werden dann alt
als Eichen im Wald.

WINTER

Eiche

Echter Jasmin

Jasminum nudiflorum

Noch ist braun der Winterrasen,
und noch frieren Reh und Hasen.
Doch die Märzen-Sonnenstrahlen
trotz der Kälte mir befahlen:
Jetzt wird aber aufgewacht,
zeige deine Blütenpracht!

Ich gehorchte, blühe gerne.
Meisen kommen und ich lerne
ihre Frühlingsmeisenlieder.
Diese heißen immer wieder:
Zizibi und dideldei,
jeder Winter geht vorbei!

WINTER

Echter Jasmin

Winterling
Eranthis

Tief in der Erde erwachte ich.
Der Frühling rief mich!

Die Erde sagte: „Oh nein,
es ist noch zu früh,
du bist noch zu klein!
Bald, bald –
noch ist es zu kalt!"

Ich hielt es nicht aus
und kroch heraus.
Siehst du mich stehn?
Der Frühling rief!
Es war kein Versehn!

WINTER

Winterling

Klette

Arctium tomentosum

Auf braunen, runden Kletten sitzen
Häkchen scharf wie Nadelspitzen.
Und mit diesen Häkchen machen
Kletten ziemlich freche Sachen,
hängen sich an Strümpfe, Kleider
und sie hängen daran leider
als gehörten sie dort hin.
Schütteln hat gar keinen Sinn.
denn sie haben ihre Tücken,
lassen sich nur runter pflücken.

WINTER

Klette

WINTER

Schneeglöckchen

Galanthus nivalis

Grauer Himmel,
kalter Schnee,
zugefroren ist der See
noch im Monat Februar
und da klingt es wunderbar,
wenn Schneeglöckchen, weiß und klein,
läuten: Bald wird Frühling sein!

WINTER

Schneeglöckchen

Im Parabel-Verlag
sind folgende Bücher von Cicely M. Barker erschienen:

Am Wegrand
Im Garten
Im Frühling
Im Sommer
Im Herbst